BIBLIOTHÈQUE
DES ÉCOLES ET DES FAMILLES

LA FONTAINE

PAR

DELAITRE

LIVRE DE LECTURE A L'USAGE DES ÉCOLES
ET DE LA CLASSE PRÉPARATOIRE
des lycées et collèges

PARIS
LIBRAIRIE HACHETTE ET Cie
79, boulevard Saint-Germain, 79

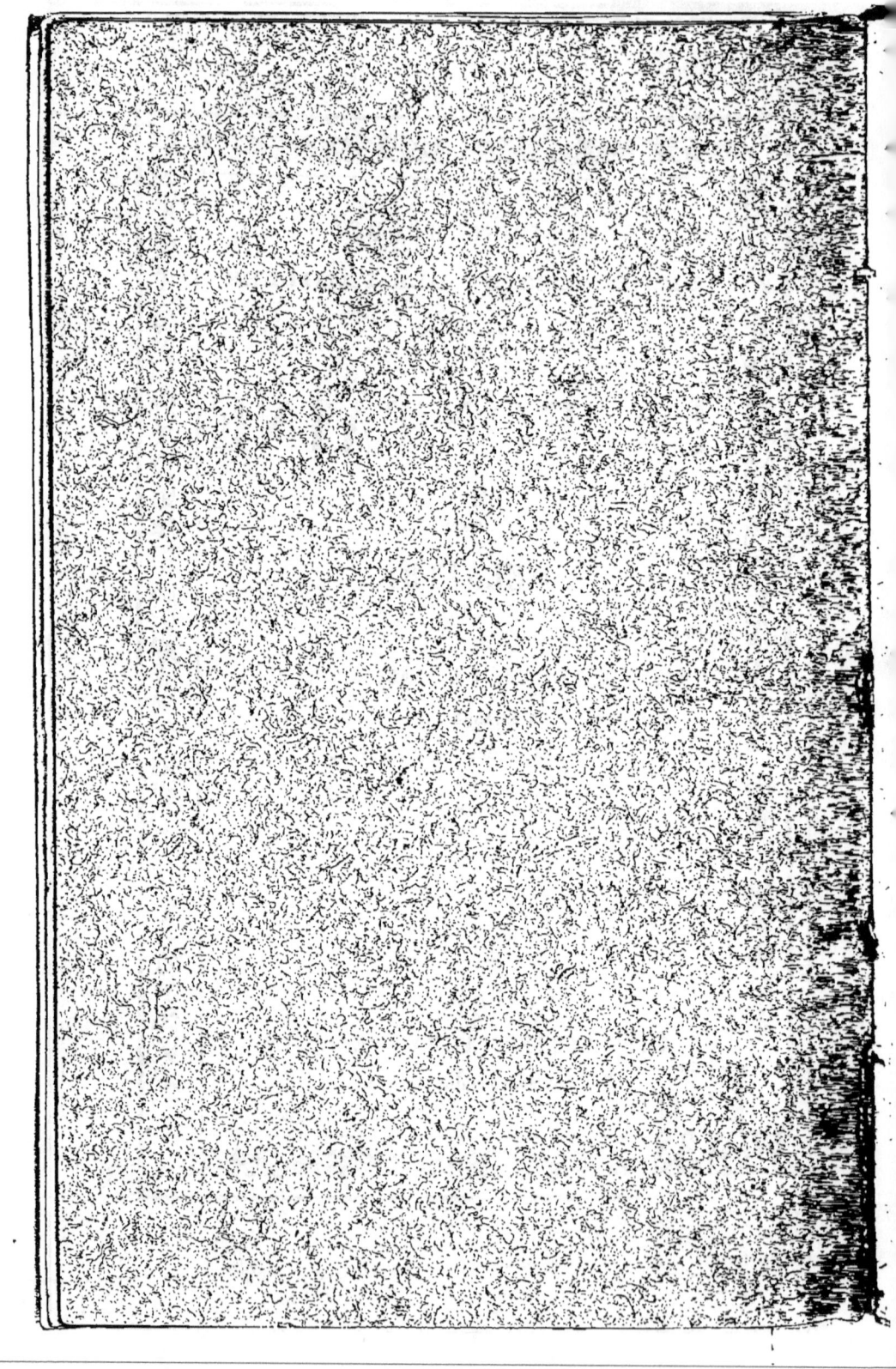

BIBLIOTHÈQUE

DES ÉCOLES ET DES FAMILLES

LA FONTAINE

PAR

CH. DELAITRE

Ancien élève de l'École normale supérieure
Professeur agrégé au lycée Henri IV

PARIS

LIBRAIRIE HACHETTE ET Cie

79, Boulevard Saint-Germain, 79

1884

Droits de propriété et de traduction réservés

LA FONTAINE.

A MES JEUNES LECTEURS

Il n'est pas besoin d'un long préambule pour vous présenter l'auteur dont j'ai à vous parler. Qui de vous ne connaît les fables de La Fontaine, et ne les a bégayées avant même de savoir lire ? Pour nous tous, jeunes ou vieux, maître Renard, la Cigale, Jeannot lapin, le Héron au long bec, Grippeminaud le bon apôtre, ne sont-ils pas intimement liés à nos premiers souvenirs d'enfance ?

Vous serez donc peut-être curieux de faire aussi connaissance avec celui qui vous a conté de si charmants apologues, et d'apprendre ce qu'était *votre ami*. Le récit de sa vie sera bien simple ; vous trouverez, non les aventures émouvantes des grands héros de l'histoire, mais de petits faits, de menus détails ; ils n'en ont pas moins leur intérêt ; car la physionomie qu'ils font revivre devant nous est celle d'un écrivain dont notre pays a le plus justement droit d'être fier, et qui a mérité le surnom d'*Inimitable*.

CHATEAU-THIERRY.

LA FONTAINE

I. — LES PREMIÈRES ANNÉES DE LA FONTAINE.

Jean de La Fontaine naquit le 8 juillet 1621, à Château-Thierry, dans une maison qui existe encore, et que l'État a récemment acquise : il était, comme son ami Racine[1], originaire de cette province de Champagne, dont les habitants, pleins de bon sens, à l'esprit fin et narquois, représentent, en dépit d'un méchant proverbe, les meilleures qualités du génie français. Son père, Charles de La Fontaine, était maître des eaux et forêts; il se préoccupa assez peu de l'éducation de son fils; l'enfant s'éleva lui-même, à l'aventure, et de ses études, commencées dans une école de

1. Racine est né à la Ferté-Milon, en 1639.

village, continuées à Reims, il ne retint que quelques bribes de latin.

Il avait dix-neuf ans, lorsqu'un ami de la famille, chanoine de Soissons, lui prêta quelques livres de piété. Aussitôt sa tête s'échauffe; avec cet enthousiasme facile qui l'entraînera plus d'une fois, même dans sa vieillesse, il croit sentir en lui la vocation de l'état ecclésiastique, et il entre au séminaire oratorien de Saint-Magloire. Mais il avait montré tant de goût jusqu'alors pour l'école buissonnière, qu'il ne put se plier à la rude discipline du noviciat. Il ne resta que dix-huit mois au séminaire, et, rentré à la maison paternelle, il vécut plusieurs années en désœuvré, beaucoup plus occupé de fêtes et de plaisirs que de théologie.

Son père le voyait avec inquiétude gaspiller sa jeunesse en futilités; il ne savait comment fixer cette nature indolente et capricieuse; il pensa y réussir en l'établissant; il lui transmit sa charge de maître des eaux et forêts, et en même temps il le maria.

La Fontaine laissa faire de lui ce que l'on voulut; il succéda à son père dans ses fonctions, il accepta la femme qu'on lui fit épouser, mais au fond le mariage lui était aussi indifférent que le titre d'officier du roi. Il avait à contrôler la navigation, la perception des péages, la coupe et la vente des bois, la pêche et la chasse, etc. C'étaient là de bien graves occupations pour un nonchalant et un distrait comme lui. Quelquefois il partait au matin pour aller inspecter une forêt voisine; dans un sentier il rencontrait une fourmilière, il se penchait, regardant ce petit peuple des fourmis aller, venir, trotter avec une incessante activité, et il restait là jusqu'au soir, sans plus penser au *balivage* et au *martelage*[1].

Les Champenois avaient là, vous le voyez, un singulier maître des eaux et forêts. Ce

---

[1]. Opérations par lesquelles le maître des eaux et forêts distinguait, dans la coupe réglée des bois, les arbres à abattre et à conserver.

n'était pas non plus, s'il faut en croire la tradition, le modèle des maris et des pères; il s'éloigna peu à peu de sa femme, si bien qu'il finit par oublier qu'il était marié. Ses amis lui en faisaient reproche; il leur déclara un jour qu'il était résolu à se réconcilier avec Mme de La Fontaine. Il part aussitôt pour Château-Thierry dans cette intention; il arrive chez lui; on lui dit que sa femme est au salut; en attendant son retour, il entre chez un voisin; on cause; on se met à table, on festine gaiement; et le lendemain La Fontaine retourne à Paris, sans se souvenir du but de son voyage. Son fils, dont il était incapable de s'occuper, était élevé par M. de Harlay; il arriva que dans un salon La Fontaine s'entretint avec un jeune homme qui le charma par son esprit et sa bonne mine; il s'informa qui il était : « Mais c'est votre fils, » lui dit-on. « Ah! répondit-il, j'en suis bien aise. » Ces anecdotes, où d'ailleurs tout n'est peut-être pas vrai, nous feraient haïr et mépriser La

Fontaine, s'il n'y fallait voir l'excès de la distraction et de l'insouciance, plutôt que le manque de cœur. La suite nous montrera que « le Bonhomme » avait une âme ouverte aux affections sincères et au plus généreux dévouement.

Jusqu'à présent La Fontaine ne nous apparaît que comme un rêveur indolent et désœuvré, ne sachant ce qu'il veut, incapable de comprendre que la vie a des devoirs sérieux. Que fait-il de son temps? Il nous le dit lui-même :

> Quant à son temps, bien sut le dispenser :
> Deux parts en fit, dont il souloit[1] passer
> L'une à dormir, et l'autre à ne rien faire.

Celui qui devait être un de nos plus grands poètes n'avait encore manifesté aucun goût pour la poésie. Le hasard lui révéla sa véritable vocation. Un officier qui se trouvait en garnison à Château-Thierry lut un jour devant lui quelques vers

1. « Avait l'habitude. »

de Malherbe[1] ; c'était le début d'une ode admirable adressée à Henri IV, après un attentat dont le roi avait été victime en 1605 :

> Que direz-vous, races futures,
> Si quelquefois un vrai discours
> Vous récite les aventures
> De nos abominables jours? etc.

La Fontaine écoute avec ravissement ; cette langue noble et harmonieuse produit en lui une impression profonde, et qu'il n'avait jamais ressentie. On lui prête les œuvres de Malherbe ; il passe les jours et les nuits à les lire, à les apprendre par cœur, à les déclamer. Il essaye même de les imiter, et montre ces premiers vers à un de ses parents, le traducteur Pintrel. Celui-ci jugea sévèrement les timides essais du jeune poète ; mais en même temps il lui donna d'utiles conseils pour le guider dans ses lectures, il lui mit entre les mains les

---

1. Malherbe (1555-1628), célèbre poète lyrique.

grands poètes de l'antiquité : Homère, Virgile, Horace[1].

Les heures autrefois perdues dans l'oisiveté, La Fontaine les consacre maintenant à feuilleter la bibliothèque de son père. Ce dernier était un lettré, qui préférait aux auteurs médiocres du temps, à Voiture, à Benserade[2], etc., le style si franc et si naïf des écrivains du xvi° siècle : Rabelais, Clément Marot[3], etc. ; à côté d'eux, il avait placé les plus illustres d'entre les Italiens, l'Arioste, le Tasse, Boccace, Machiavel[4]. Ce devinrent les auteurs favoris de La Fon-

---

1. Homère, poète grec, auteur de l'*Iliade* et de l'*Odyssée;* Virgile, poète latin, auteur de l'*Enéide* et des *Géorgiques*; Horace, lyrique et satirique latin.

2. Voiture (1598-1648), Benserade (1612-1691), poètes spirituels, mais maniérés et sans goût, qu'on appelait des « Précieux ».

3. Rabelais (1483-1553), romancier du xvi° siècle, a écrit le *Pantagruel;* Clément Marot (1495-1544), poète gracieux, favori de François Ier.

4. L'Arioste (1474-1553), auteur du *Roland Furieux;* le Tasse (1544-1595), auteur de la *Jérusalem délivrée;* Boccace (1313-1375), conteur florentin ; Machiavel (1469-1530), historien, conteur et poète comique.

taine; il les étudiait avec une véritable passion.

> J'en parle si souvent qu'on en est étourdi.
> J'en lis qui sont du Nord, et qui sont du Midi.

Grâce à ces études, le génie de la poésie s'éveillait peu à peu en lui. Son talent commençait déjà à être apprécié à Château-Thierry, lorsqu'il se fit un grand changement dans sa vie.

II. — LA FONTAINE ET FOUQUET.

En 1654, un de ses oncles, Jannart, était secrétaire du célèbre surintendant des finances Fouquet; il lui parla de l'esprit et de la renommée naissante de son neveu. Fouquet n'était pas seulement un financier fastueux : il aimait les lettres et les arts, il était le protecteur du peintre Lebrun et de notre grand comique Molière.

Il accueillit donc La Fontaine avec bonté, il l'attacha à sa maison, et lui accorda une pension de mille livres. Il avait été convenu qu'à chaque trimestre le poète en touchant un terme de cette pension, devrait, pour quittance, donner une pièce de vers. La Fontaine remplit ponctuellement cette condition.

La Fontaine passa six années paisibles auprès de Fouquet, au château de Vaux. Cette magnifique résidence, située à une lieue de Melun, pouvait rivaliser de splendeur avec Versailles [1]; Fouquet, pour l'orner, y avait dépensé 18 millions; tous les jours c'étaient fêtes et divertissements nouveaux. L'orgueilleux surintendant semblait vouloir par son faste éclipser Louis XIV lui-même. Le roi ne lui pardonna pas : Fouquet fut disgrâcié, accusé de malversations, condamné à une prison perpétuelle. C'est l'éternelle histoire de la grenouille qui veut se faire aussi grosse que le bœuf. Dans ce subit écroulement d'une ambitieuse fortune il arriva ce qui se produit trop

[1]. Le château de Vaux appartient aujourd'hui à la famille de Choiseul-Praslin.

**

souvent en de telles circonstances : tous ces courtisans, « peuple caméléon, peuple singe », tous ces flatteurs, tous ces parasites que Fouquet avait enrichis de ses libéralités, abandonnèrent leur bienfaiteur ; c'était à qui lui donnerait « le coup pied de l'âne ». Ce fut alors que se montra la noblesse d'âme de La Fontaine. Avec Pellisson, avec Mme de Sévigné, il fut au nombre des rares amis de Fouquet qui restèrent fidèles à son malheur. Poète, il n'avait qu'une arme pour défendre son maître infortuné, la poésie : il écrivit l'*Élégie aux Nymphes de Vaux*. L'âme remplie de tristesse, il invoque les divinités champêtres[1] qui peuplent les bocages du parc de Vaux ; il leur rappelle les jours heureux, où Oronte (c'est le nom par lequel il désigne Fouquet),

Plein d'éclat, plein de gloire, adoré des mortels,
Recevoit des honneurs qu'on ne doit qu'aux autels.

1. C'était la mode alors de faire figurer dans la poésie les dieux et les déesses de la mythologie grecque.

CHATEAU DE VAUX SOUS LOUIS XIV.

Mais il eut le tort de croire à la durée de ce bonheur si fragile :

> Lorsque sur cette mer on vogue à pleines voiles,
> Qu'on croit avoir pour soi les vents et les étoiles,
> Il est bien malaisé de régler ses désirs ;
> Le plus sage s'endort sur la foi des zéphyrs.

Le poète demande donc aux nymphes de se rendre auprès du roi : qu'elles se jettent en pleurant à ses genoux, qu'elles implorent sa clémence !

> S'il (Oronte) a cru les conseils d'une aveugle puissance,
> Il est assez puni par son sort rigoureux ;
> Et c'est être innocent que d'être malheureux !

N'a-t-on pas eu raison de compter ces vers au nombre des plus beaux de la langue française ? Mais il y a là en même temps une haute leçon de morale que l'âme de mes lecteurs, toute jeune qu'elle soit, est déjà capable de saisir. Ce que je voudrais vous faire admirer c'est moins le génie de votre poète, que la noblesse du sentiment qui l'a inspiré.

III. — LES AMIS DE LA FONTAINE. — SES PREMIÈRES FABLES.

Ce cœur si généreux devait plus qu'un autre être sensible au charme de l'amitié. N'est-ce pas La Fontaine qui, dans une de ses plus belles fables, a dit :

Qu'un ami véritable est une douce chose !

Il eut donc beaucoup d'amis et parmi eux les écrivains les plus célèbres du XVIIe siècle, Racine, Boileau et Molière. Ils se réunissaient souvent chez Boileau, dans son logement de la rue du Vieux-Colombier, ou, pendant les beaux jours d'été, dans sa petite maison d'Auteuil. Qu'elles devaient être délicieuses ces réunions qui rassemblaient ces quatre génies, si grands dans des genres différents, les maîtres du théâtre et de la poésie !

C'est dans cette intimité que La Fontaine composa ses premières productions, et particulièrement ses *Fables*, qui ont immortalisé son nom. Le premier recueil parut en 1668 [1].

Le succès en fut extraordinaire : chacun lisait, savait par cœur ces charmants petits chefs-d'œuvre, que Mme de Sévigné [2] proclamait *divins*, et qui maintenant encore vous amusent et vous instruisent : *le Loup et l'Agneau ; le Chêne et le Roseau ; le Meunier, son fils et l'Ane ; le Lion et le Moucheron ;* mais il faudrait tout citer. A partir de ce jour, dans les salons aristocratiques de Paris, la lecture d'une fable nouvelle de La Fontaine était un évènement aussi impatiemment attendu qu'une victoire des armées du roi, et ce poète sans ambition, indifférent à la gloire, comme au reste, devint tout à coup populaire sans l'avoir désiré.

IV. — MADAME DE LA SABLIÈRE.

Un autre homme que La Fontaine aurait

---

1. La Fontaine avait alors 47 ans.
2. Madame de Sévigné (1626-1696), célèbre par ses *Lettres*, pleines d'esprit et de naturel.

LA FONTAINE ET SES AMIS, A AUTEUIL.

su mettre à profit une faveur si unanime du public. Il serait allé trouver Barbin ou Michallet, un des nombreux libraires qui étaient alors installés dans les galeries du Palais de Justice, et lui aurait vendu son manuscrit fort cher, à beaux deniers comptants. Il serait devenu riche, et par suite indépendant; comme on dit aujourd'hui, il aurait vécu de sa plume. Mais je vous ai montré, par plusieurs exemples, que La Fontaine était incapable de gouverner sa vie; il allait insouciant, sans regarder devant lui, sans songer au lendemain, comme son gaillard savetier, sire Grégoire.

De la modeste fortune que lui avait laissée son père, il ne restait presque plus rien; elle s'en était allée par bribes, et lorsqu'il faisait le voyage de Château-Thierry, c'était ordinairement pour vendre, à vil prix, quelque lopin de terre, ou quelque métairie de son patrimoine. Encore était-il si distrait, qu'en se rendant chez le notaire, il lui arriva de suspendre à l'arçon de sa selle ses titres de propriété et de les laisser tomber sur la grande route. La Fontaine resta donc toujours un mineur qui ne pouvait se passer de tutelle.

Lorsque la protection de Fouquet lui manqua, il lui fallut d'autres protecteurs : il les trouva dans la duchesse de Bouillon, le prince de Conti, le duc de Vendôme, etc.; il accepta les bienfaits de ces illustres amitiés avec une bonne grâce naïve qui excluait toute arrière-pensée de calcul et d'intérêt.

Mais sa véritable bienfaitrice, après Fouquet, ce fut Mme de la Sablière, qui, parmi les femmes supérieures si nombreuses au XVIIe siècle, fut l'une des plus charmantes et des plus distinguées. Esprit cultivé, elle avait étudié les langues anciennes; elle savait par cœur les plus beaux passages de Virgile, d'Horace; elle connaissait la philosophie, les mathématiques, l'astronomie, les sciences naturelles. Avec tant de savoir on pourrait se figurer Mme de la Sablière comme un personnage prétentieux et pédant, comme une de ces *Philamintes*, dont Molière s'est tant moqué dans sa comédie des *Femmes savantes*; elle avait, au contraire, su conserver toute la modestie et toutes les grâces naturelles de son sexe; elle possédait, comme l'a si bien dit La Fontaine,

L'art de plaire et de n'y penser pas.

Pendant vingt ans notre poète trouva en elle l'amie la plus tendre et la plus dévouée. Elle le considérait comme un grand enfant, incapable de pourvoir lui-même à ses besoins; elle veillait sur lui avec la sollicitude d'une mère, ou mieux *d'une maman*, comme on l'a dit. La Fontaine faisait partie inséparable de la maison, de la famille : « J'ai renvoyé tout mon monde, disait un jour Mme de la Sablière, je n'ai gardé que mon chien, mon chat, et… La Fontaine. »

Si madame de la Sablière entourait La Fontaine de soins maternels, celui-ci en retour avait pour elle l'attachement d'un véritable fils; à une bienveillance si discrète et si délicate il répondait par ce dévouement sincère et absolu, dont il a donné tant de preuves dans sa vie. C'est à sa chère protectrice qu'il rapporte toutes ses pensées, toutes les actions de chaque jour. Son souvenir reparaît à chaque page de ses épîtres, de ses fables ; s'il compose quelque pièce, ce qui le préoccupe, ce n'est pas le jugement du public, c'est l'accueil que Mme de la Sablière fera à ses vers; s'ils ont le bonheur de lui plaire, le poète aura reçu sa plus douce récompense. Il envoyait un jour des vers à un de ses amis : « Mais surtout, lui recommandait-il, ne les montrez à personne, car Mme de la Sablière ne les a pas encore vus! »

Ainsi délivré par la vigilance toujours attentive d'une femme des soucis de la vie matérielle, La Fontaine put se livrer sans contrainte à son goût pour la poésie. Parmi les poètes il y a bien des aptitudes et des talents différents ; il y a des travailleurs infatigables dont la pensée toujours en éveil, toujours fiévreuse, crée des épopées, des drames aux vastes proportions. La Fontaine n'est pas de ceux-là ; il l'avoue lui-même :

> Les longs ouvrages me font peur,
> Loin d'épuiser une matière,
> On n'en doit prendre que la fleur.

Pour le travail, comme en toutes choses, il restait apathique et capricieux ; il ressemblait à son héron : « Il vivait de régime, et *rimait* à ses heures. » Tantôt il s'enfermait dans son cabinet, qu'il appelait la *chambre des philosophes,* parce qu'il y avait fait placer les bustes en terre cuite des plus célèbres d'entre eux ; tantôt il s'échappait dans la campagne ; il restait toute une journée, assis au pied d'un arbre, rêvant et écrivant, sans même s'apercevoir qu'il ruisselait de pluie ; quelquefois dans un salon, à table, il devenait tout à fait étranger aux personnes présentes ; il était « comme une machine sans âme » ; il animait alors « une grenouille dans un marais, une cigale dans les prés, un renard dans sa tanière ».

A voir ainsi le poète composer sans suite et par boutades, on a prétendu que ses vers ne lui coûtaient aucun travail : on a dit que « ce *fablier* produisait naturellement des fables, comme le prunier des prunes ». Rien n'est plus faux ; quand il tenait le sujet d'un de ses apologues, son esprit en était obsédé ; il tournait et retournait cent fois dans sa tête chaque mot, chaque phrase ; nous le savons, parce que nous avons conservé le manuscrit d'une de ses fables, *le Renard, les Mouches et le Hérisson*. La feuille est noircie en tous sens de ratures et de corrections, et dans la fable refaite il ne reste que *deux vers* du brouillon primitif. La Fontaine pouvait donc dire avec vérité :

> Je fabrique *à force de temps*
> Des vers moins sensés que ma prose.

En 1684, La Fontaine était déjà célèbre ; il ne faisait cependant pas encore partie de l'Académie française[1], où sa place était naturellement marquée, parmi les grands écrivains du XVIIe siècle. Lorsque la mort du grand ministre Colbert laissa un siège vacant, La Fontaine fut élu. Mais il était d'usage que les élections académiques fussent soumises à Louis XIV, qui se réservait d'accepter ou d'annuler le choix fait par l'Académie. Le roi était irrité contre La Fontaine, qui avait souillé sa plume en écrivant des contes libertins; il refusa d'abord de le reconnaître comme académicien. Au bout de six mois seulement, après l'élection du satirique Boileau, il se laissa fléchir, et dit aux académiciens : « Vous pouvez maintenant recevoir La Fontaine, *il a promis d'être sage.* »

V. — VIEILLESSE DE LA FONTAINE, SA CONVERSION, SA MORT.

Dans les dernières années de sa vie, Mme de la Sablière avait tout à coup

---

1. Compagnie célèbre, fondée en 1635 par Richelieu pour épurer et perfectionner la langue française.

renoncé aux plaisirs, aux élégances qui composaient l'existence d'une marquise au XVIIe siècle ; elle avait rompu avec le monde et, renfermée dans son oratoire, elle s'était jetée dans les pratiques de la plus austère dévotion. Son exemple gagna La Fontaine ; celui-ci avait jusqu'alors mené une vie un peu frivole ; il avait mainte peccadille à se reprocher ; il fut un jour pris d'une belle résolution de changer de conduite et de se réconcilier avec Dieu. Il laissa de côté les livres futiles, et se mit à lire avec ardeur les ouvrages de piété et le Nouveau Testament.

Il se lia d'amitié avec un jeune vicaire de Saint-Roch, nommé Poujet, et se livra avec lui à de longues discussions sur des questions de théologie et de controverse religieuse.

Une grave maladie, qui vint le surprendre vers la fin de l'année 1692, le confirma encore davantage dans ses idées de conversion. Pouget, son directeur de conscience, ne quittait plus son chevet, il lui tenait le langage sévère qu'il aurait employé à l'égard d'un grand coupable ; il lui parlait de la vengeance divine, le menaçait des châtiments de l'enfer. Une brave garde-malade qui assistait à ces entretiens, était obligée d'intervenir en faveur du pauvre La Fontaine. « Eh ! monsieur, disait-elle, ne le poussez pas si fort ! le bon Dieu n'aura pas le courage de le damner ! » Devant son terrible confesseur, La Fontaine faisait de son mieux amende honorable de ses fautes ; il consentit à brûler une pièce de théâtre qu'il avait composée peu auparavant, et il demanda humblement pardon des *Contes* licencieux qu'on lui reprochait durement d'avoir écrits.

Il était à peine rétabli, lorsque son excellente protectrice, Mme de la Sablière, mourut. La Fontaine se trouvait encore une fois sans protecteur, à un âge[1] où la sollicitude d'un ami lui était plus que

---

1. Il avait alors soixante-douze ans.

jamais nécessaire. Au moment où il sortait de l'hôtel de Mme de la Sablière, désormais silencieux et désert, un de ses amis, M. d'Hervart, le rencontra dans la rue, et lui tendant la main, lui dit : « Vous avez perdu votre asile ; je vous cherchais pour vous prier de venir loger chez moi. » — « J'y allais, » répondit simplement La Fontaine. Réponse sublime en sa naïveté : il fallait être aussi sincèrement dévoué dans l'amitié que le fut toujours La Fontaine, pour ne pas douter un seul instant de trouver chez ses amis un égal dévouement.

En arrivant chez M. d'Hervart, La Fontaine n'était plus que l'ombre de lui-même : il était bien affaibli et de corps et d'esprit. Sa santé, gravement compromise par sa récente maladie, était encore ébranlée par les austères pratiques d'une dévotion outrée ; il portait un cilice, que l'on trouva sur sa poitrine, lorsque après sa mort on le déshabilla pour le mettre au cercueil. Lui, déjà si insouciant, semblait devenir étranger aux préoccupations les plus élémentaires de la vie de chaque jour. Il portait des habits déchirés, tachés ; Mme d'Hervard les faisait remplacer à son insu par des habits neufs ; La Fontaine ne s'apercevait de rien. Son cerveau endormi lui permettait à peine le travail, il ne sortait plus, si ce n'est quelquefois pour assister aux séances de l'Académie. « Je t'assure, écrivait-il à Maucroix, que le meilleur de tes amis n'a plus à compter sur quinze jours de vie. Voilà deux mois que je ne sors point, si ce n'est pour aller un peu à l'Académie, afin que cela m'amuse. Hier, comme j'en revenais, il me prit, au milieu de la rue du Chantre, une si grande faiblesse que je crus véritablement mourir. Avant que tu reçoives ce billet, les portes de l'éternité seront peut-être ouvertes pour moi »

Ces lignes sont les dernières qu'écrivit La Fontaine ; il ne se trompait pas dans ses funèbres pressentiments : il mourait quelques semaines après, le 13 avril 1693, âgé de soixante-treize ans.

Le grand poète fut universellement regretté ; car cet homme si bon ne pouvait avoir d'ennemis, et tous ceux qui l'avaient connu étaient devenus ses amis. Le témoignage le plus touchant de ces regrets se trouve dans quelques lignes de Fénelon : c'est une petite version latine qu'il avait composée pour la faire traduire à son royal élève, le duc de Bourgogne : « La Fontaine n'est plus ; il n'est plus ! et avec lui ont disparu les jeux badins, les ris folâtres, les grâces naïves. Pleurez, vous tous qui avez reçu du ciel un cœur et un esprit capables de sentir tous les charmes d'une poésie élégante, naturelle et sans apprêt. Pleurez donc, nourrissons des Muses ! ou plutôt consolez-vous : La Fontaine vit tout entier, et vivra éternellement dans ses immortels écrits ! »

VI. — QUELQUES MOTS SUR LE GÉNIE DE LA FONTAINE.

Le cadre de cette biographie ne comporte

pas une étude littéraire, qui serait d'ailleurs prématurée pour les jeunes esprits auxquels je m'adresse; cependant on ne peut connaître complètement La Fontaine sans avoir une idée de son génie. Ce mot vous semble bien grave appliqué au conteur familier qui sait si bien vous divertir; ses fables sont en effet pour vous avant tout un amusement; leurs héros sont pour vous de vieilles connaissances : ce chien hargneux ou caressant, ce *saint homme* de chat, cet âne patient et philosophe, tout ce peuple criard et batailleur de la basse-cour, ce sont vos amis, vos compagnons de jeu, quelquefois vos souffre-douleur; et c'est grand plaisir d'entendre narrer leurs exploits.

Mais vous seriez bien étonnés si l'on vous disait qu'il y a autre chose dans ces courts apologues; que chacun d'eux contient plus de science, d'art, d'invention, de profondeur philosophique que beaucoup de longs poèmes. C'est là ce qui donne à La Fontaine, parmi ses devanciers comme parmi ses successeurs, une place bien à part que personne n'a pu lui disputer ni lui contester.

La Fontaine n'a pas, en effet, inventé le genre où il a excellé. Grand est le nombre des fabulistes : Bidpäy chez les Indiens, Ésope et Babrias chez les Grecs, Phèdre chez les Latins ; dans les contes de nos vieux *Trouvères*, et chez Clément Marot, chez Rabelais, on rencontre aussi plus d'une jolie fable. — Après La Fontaine sont venus Fénelon, Lamothe-Houdard, Florian, et bien d'autres.

De tout temps on a eu l'idée d'ôter à une leçon de morale, à un conseil, à une réprimande ce qu'ils ont d'austère et de revêche, et de les faire accepter à la faveur d'un récit qui nous amuse et nous captive. C'est la définition que La Fontaine lui-même a donnée de la fable :

> Les fables ne sont point ce qu'elles semblent être ;
> Le plus simple animal nous y tient lieu de maître ;
> Une morale nue apporte de l'ennui.

Le conte fait passer le précepte avec lui.
En ces sortes de feinte il faut instruire et plaire.

Mais la plupart des fabulistes se sont préoccupés avant tout du but à atteindre, c'est-à-dire des leçons à faire aux hommes pour les corriger ; c'est à la moralité qu'ils s'intéressent avant tout, mais point au récit, point aux personnages eux-mêmes ; sous des noms d'animaux, ou de plantes, ce sont les hommes qu'ils font seuls parler et agir.

La Fontaine ne comprend point tout à fait ainsi l'apologue. Chez lui aussi il y a une morale qu'il nous enseigne ; mais ce n'est là que l'accessoire ; ce qui attire avant tout notre attention, ce sont ces tableaux si variés, où passent devant nos yeux tant de personnages divers : lions, renards, grenouilles, agneaux, hirondelles, cigales, tortues, chênes, roseaux, etc., ayant chacun leur attitude, leur langage, leurs sentiments, leurs passions, leur vie propre. Car tout ce monde existe ; l'imagination de La Fontaine l'a créé. Ce ne sont pas d'ingénieux, mais froids récits, destinés à nous édifier, c'est un véritable *théâtre*, où la scène change sans cesse, où mille acteurs se succèdent; et c'est nous qui sommes les spectateurs émerveillés.

> J'oppose quelquefois, par une double image,
> Le vice à la vertu, la sottise au bon sens,
> Les agneaux aux loups ravissants,
> La mouche à la fourmi ; faisant de cet ouvrage
> Une ample comédie à cent actes divers,
> Et dont la scène est l'univers.

Rappelez vos souvenirs, et vous direz que La Fontaine ne pouvait pas plus heureusement caractériser son œuvre. Quand vous avez lu ces deux vers :

> Un jour sur ses longs pieds allait je ne sais où
> Le Héron au long bec, emmanché d'un long cou,

le maigre échassier, à l'allure si gauche ne se dresse-t-il pas véritablement devant vos yeux ? Comment mieux exprimer la gentillesse craintive et la joie de vivre, la pétulance innocente d'un jeune lapin, que dans ces vers :

> Des lapins, sur la bruyère,

> L'œil éveillé, l'oreille au guet,
> S'égayaient et de thym parfumaient leur banquet ?

Quel admirable drame que *les Animaux malades de la peste !* Quelle vérité de sentiments et de langage ! Le lion despote et hypocrite, le renard flatteur sans conscience, et puis ce pauvre âne qui vient honnêtement, sans malice, confesser le péché qui va le perdre !

Chaque fable fournirait matière à des observations semblables. Mais il faut mettre un terme à ces réflexions déjà trop longues ; pour conclure, je ne puis mieux faire que de répéter avec Mme de Sévigné : « On ne fait point entrer certains esprits durs et farouches dans le charme et la facilité des *Fables* de La Fontaine. Nous trouvions qu'il n'y avait qu'à prier Dieu pour eux, car nulle puissance humaine n'est capable de les éclairer. C'est le sentiment que j'aurai toujours pour un homme qui ne connaît pas le charme des *Fables* de La Fontaine. »

Imprimeries réunies. B.

BIOGRAPHIES D'HOMMES ILLUSTRES

CHAQUE VOL. : Broché.................. 15 c.
— Couverture en couleurs. 25 c.

Alexandre-le-Grand.
Ampère.
Arago.
Beethoven.
Buffon.
Cavour.
César (Jules).
Charles XII.
Christophe Colomb.
Cook.
Cuvier.
Dante.
Daubenton.
De l'Orme (Philib.).
Desaix.
Franklin.
Galilée.
Gama (Vasco de).
Goethe.
Goujon (Jean).
Gutenberg.
Kléber.
La Fontaine.

La Pérouse.
Lavoisier.
Livingstone.
Louvois.
Magellan.
Mahomet.
Michel-Ange.
Mirabeau.
Montyon.
Mozart.
Napoléon Iᵉʳ.
Necker.
Oberlin.
Palissy (Bernard).
Papin.
Philippe de Girard.
Puget (Pierre).
Serres (Olivier de).
Solon.
Stephenson.
Washington.
Watt.

Imp. réunies. B